One

Two

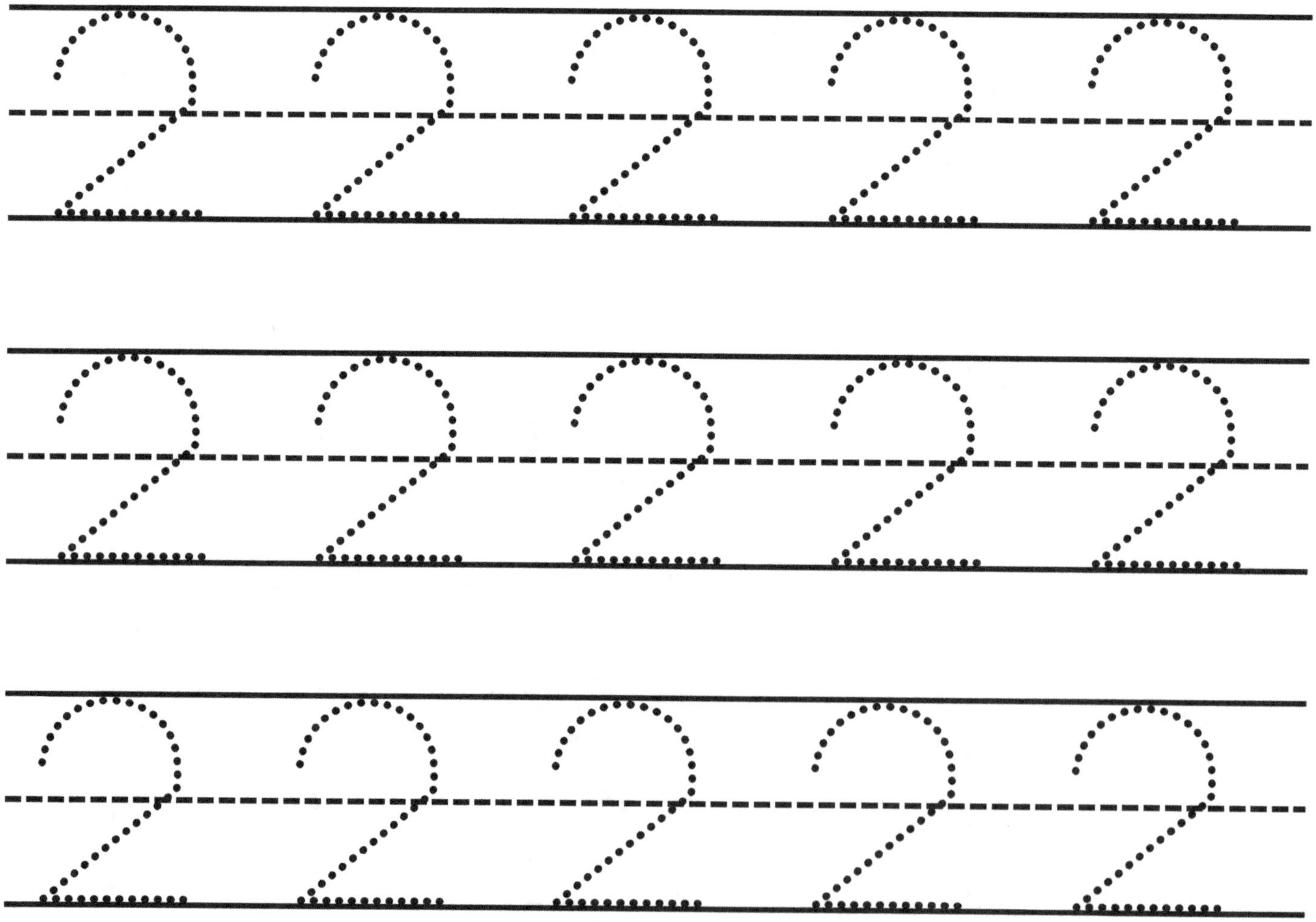

2 2 2 2 2

2 2 2 2 2

2 2 2 2 2

Three

3 3 3 3 3

3 3 3 3 3

3 3 3 3 3

Four

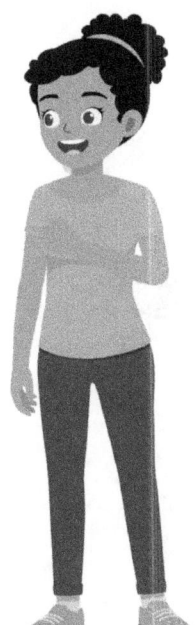

Five

5 5 5 5 5

5 5 5 5 5

5 5 5 5 5

Six

6 6 6 6 6

6 6 6 6 6

6 6 6 6 6

Seven

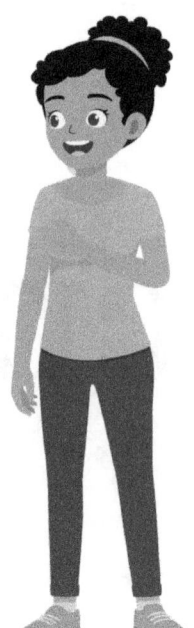

Eight

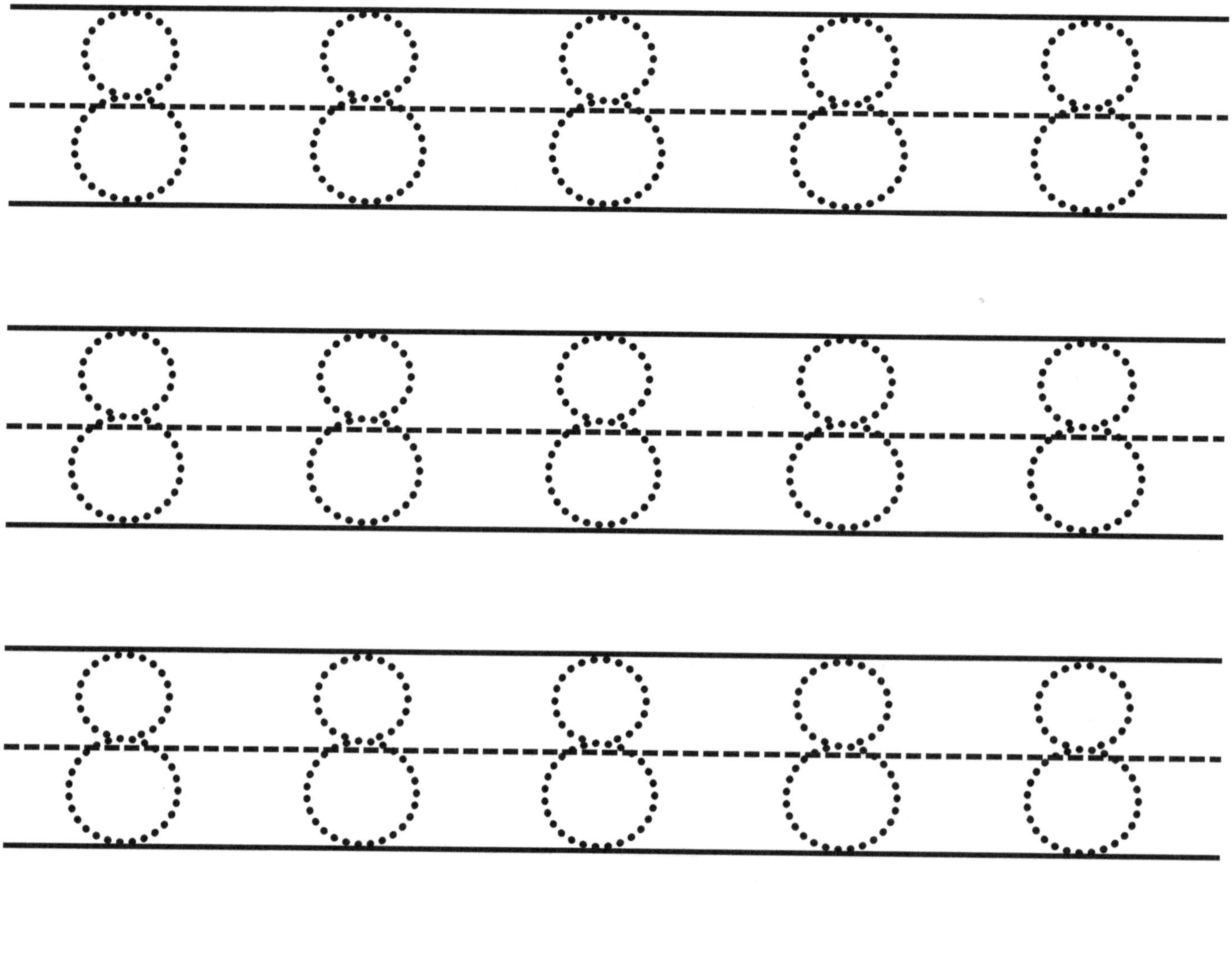

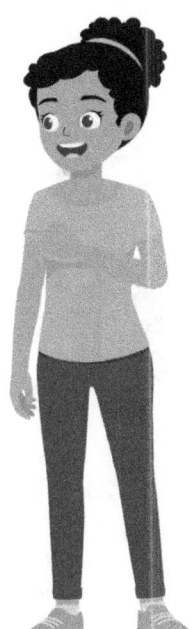

Nine

9 9 9 9 9

9 9 9 9 9

9 9 9 9 9

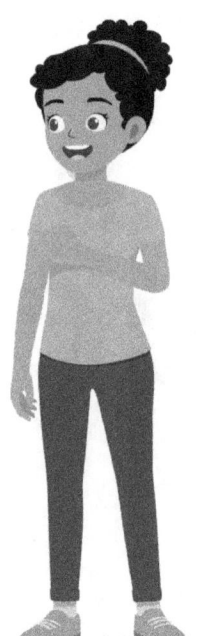

Ten

10 10 10 10

10 10 10 10

10 10 10 10

Eleven

1 1 1 1 1 1 1 1

1 1 1 1 1 1 1 1

1 1 1 1 1 1 1 1

Twelve

12 12 12 12

12 12 12 12

12 12 12 12

Thirteen

13 13 13 13

13 13 13 13

13 13 13 13

Fourteen

14 14 14 14

14 14 14 14

14 14 14 14

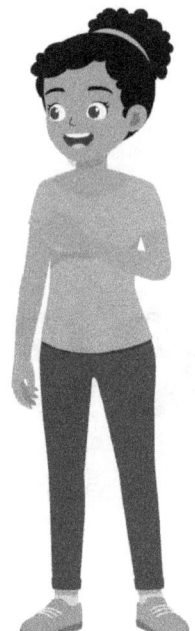

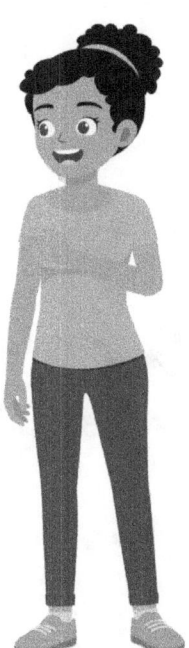

Fifteen

15 15 15 15

15 15 15 15

15 15 15 15

Sixteen

16 16 16 16 16

16 16 16 16 16

16 16 16 16 16

Seventeen

17 17 17 17 17 17

17 17 17 17 17 17

17 17 17 17 17 17

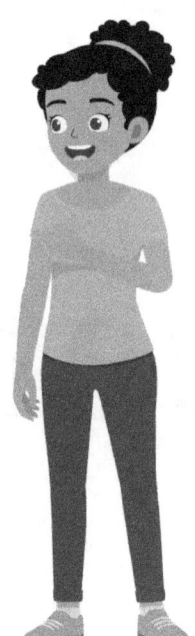

Eighteen

18 18 18 18

18 18 18 18

18 18 18 18

Nineteen

19 19 19 19

19 19 19 19

19 19 19 19

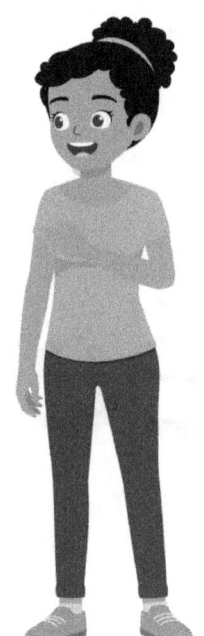

Twenty

20 20 20

20 20 20

20 20 20